1907 - Avril 19

789 Chambre des Commissaires Priseurs
Envoi à la Bibliothèque Nationale.

VENTE
du Vendredi 19 Avril 1907
HÔTEL DROUOT, SALLE N° 8

ESTAMPES
ANCIENNES
de l'Ecole Française du XVIIIe siècle.

DESSINS, CADRES
Appartenant à M. A...

DESSINS ET ESTAMPES
Appartenant à divers.

AVRIL 1907

Commissaire-Priseur :

Me André COUTURIER

Expert :

M. Paul ROBLIN

CATALOGUE

D'ESTAMPES

Anciennes

IMPRIMÉES EN NOIR ET EN COULEURS

de l'Ecole Française du XVIIIe siècle.

DESSINS, AQUARELLES, CADRES

appartenant à M. A...

DESSINS ET ESTAMPES

Portraits de Femmes

appartenant à divers

Dont la vente aux enchères aura lieu

HOTEL DES COMMISSAIRES-PRISEURS, Rue Drouot, n° 9

SALLE N° 8

Le Vendredi 19 Avril 1907

à deux heures.

Commissaire-Priseur :	*Expert :*
Me ANDRÉ COUTURIER	M. PAUL ROBLIN
56, Rue de la Victoire.	65, Rue Saint-Lazare.

PARIS 1907.

CONDITIONS DE LA VENTE

Elle sera faite au comptant.

Les acquéreurs paieront *Dix pour cent* en sus des frais d'adjudication.

L'Expert chargé de la vente se réserve la faculté de rassembler ou de diviser les lots et remplira, aux conditions d'usage, les commissions que voudront bien lui confier MM. les Amateurs.

DÉSIGNATION

Estampes, Dessins et Cadres

Appartenant à M. A...

ESTAMPES

AUBRY (d'après Et.)

1. Le Mariage rompu, par R. de Launay.

   Belle épreuve, petites marges.

BARTOLOZZI (Fr.)

2. Portrait de femme tenant une urne, d'après Cipriani.

   Très belle épreuve à la sanguine, petites marges. Cadre en baguette dorée.

3. Le Génie décrivant la beauté sous la dictée de l'Amour. Ovale in-4 d'après Cipriani.

   Belle épreuve imprimée en couleurs, marges

BAUDOUIN (d'après P. A.)

4. Le Catéchisme. — Le Confessionnal. Deux pièces faisant pendants, par P. E. Ponce (E. B., 12 et 15).

   Très belles épreuves, grandes marges. Cadres anciens en baguette dorée.

BAUDOUIN (d'après P. A.)

5. La Nuit, par E. de Ghendt. (E. B., 35)

> Très belle épreuve, petites marges Cadre ancien en baguette dorée.

BERNIGEROTH (J.-M.)

6. *Barckhaus* (Henri de). In-folio d'après F. Lippolt.

> Belle épreuve, petites marges.

BIGG (d'après W. R.)

7. Un jeune matelot racontant son naufrage à la porte d'une chaumière.— Le Retour du jeune Matelot après un heureux voyage. Deux pièces faisant pendants, gravées par J. Schmitz.

> Très belles épreuves imprimées en couleurs, grandes marges.

8. The Romps, par W. Ward. 1801, in-fol. en larg

> Belle épreuve, petites marges.

BOILLY (d'après Louis)

9. L'Amant poète, par J.-P. Levilly.

> Belle épreuve, petites marges.

10. Suite de la douce impression de l'harmonie, par F.-J. Wolff.

> Très belle épreuve. Marges.

BONNET (L M).

11. Académie de femme, d'après Lagrenée.

> Belle épreuve à la sanguine.

12. *Vanloo* (Melle), d'après Carle Vanloo. In-fol.

> Très belle épreuve à la sanguine. Grandes marges. Cadre ancien en baguette dorée.

BOUCHER (d'après Fr.)

13. Le Panier mystérieux, par R. Gaillard.

> Belle épreuve, marges.

14. Pensent-ils à ce mouton, par Madame Jourdan.

> Très belle épreuve, petites marges.

BOUCHER (d'après Fr.)

15. Venus à la Colombe, par L. Bonnet. 1765.

> Très belle épreuve à la sanguine, marges. Cadre ancien en bois sculpté et doré.

CHEREAU (Fr.)

16. *Largillière* (Nic. de), ,près lui-même. In-fol.

> Belle épreuve sans marges de trois côtés.

DAVESNE (d'après)

17. L'Amant regretté, par Voyez le Jeune.

> Belle épreuve, grandes marges. Cadre ancien en bois sculpté et doré.

DEMARTEAU (G.)

18. Tête de femme, renversée en arrière, d'après Fr. Boucher. (152)

> Belle épreuve aux crayons de couleurs. Cadre en baguette dorée.

19. Le Lion malade, d'après J.-B. Huet. (564)

> Belle épreuve aux crayons de couleurs. Cadre en baguette dorée.

DENON (Vivant)

20. Etude de Lions, d'après M. J. Quædal.

> Belle épreuve.

ÉCOLE ANGLAISE

21. Le Triomphe de l'Amour. — Le Triomphe de Vénus. Deux
pièces ovales en larg. faisant pendants.

> Très belles épreuves imprimées en couleurs, sans marges.

22. La Visite. — La Surprise. Deux pièces ovales faisant pendants.

> Belles épreuves imprimées en couleurs, sans marges, cadre
> ancien en bois sculpté et doré.

FRAGONARD (d'après H.)

23. L'Amour ingénieux, in-4 ovale par Legrand-Fursy.

> Très belle épreuve imprimée en couleurs, sans marges.

24. Le Chiffre d'Amour, par N. de Launay.

> Belle épreuve, sans marges, cadre ancien en bois sculpté et
> doré.

GREUZE (d'après J.-B.)

25. La Cruche cassée, par J. Massard.

> Belle épreuve, sans marges.

26. L'Occupation, gravé à la manière noire par J. Elie Haïd.

> Belle épreuve, cadre ancien en bois sculpté et doré.

27. L'Oiseau mort, par J. J. Flipart.

> Très belle épreuve, cadre ancien en bois sculpté et doré.

HAMILTON (d'après W.)

28. Children playing with a Bird. — Children with a Mouse-
trap. — Playing at marbles. — Playing at thread the
Needle. Quatre pièces in-4 ovales par Bartolotti.

> Belles épreuves encadrées.

HAMILTON (d'après W.)

29. *Frederick* (M^{rs}). In-4 à la manière noire, par Rob. Laurie.

> Très belle épreuve, marges, cadre ancien en bois sculpté et doré.

HUET (d'après J.-B.)

30. L'Accord maternel. — Les Soins maternels. Deux pièces faisant pendants, gravées par L. M. Bonnet.

> Très belles épreuves imprimées en couleurs, marges, cadres anciens en bois sculpté et doré.

HUET (d'après J.-B)

31. Jupiter couvre la terre de nuages pour jouir d'Io, par L. M. Bonnet.

> Très belle épreuve imprimée en couleurs et avant la draperie, cadre ancien en bois sculpté et doré.

JANINET (Fr.)

32. La Chaumière Flamande. — La Tabagie Hollandaise. Deux pièces faisant pendants, d'après A. Ostade.

> Très belles épreuves imprimées en couleurs, marges, cadres en baguette dorée.

JEAURAT (d'après)

33. Déménagement d'un peintre, par A. Duflos.

> Très belle épreuve, marges, cadre en baguette dorée.

34. La Petite Jalouse. — Le Jeune Symphoniste. Deux pièces in-4, gravées par Sornique et Gaillard.

> Belles épreuves, petites marges.

LANCRET (d'après N.)

35. Les Deux Amis, par N. de Larmessin.

> Belle épreuve, petites marges, cadre ancien en bois sculpté et doré.

36. L'Enfance, par N. de Larmessin.

> Belle épreuve, petites marges.

37. Le Matin. — Le Midi. — L'Après-Dînée. — La Soirée. Suite de quatre pièces in-fol. en larg., gravées par N. de Larmessin.

> Belles épreuves, cadres anciens en baguette dorée.

38. On ne s'avise jamais de tout, par N. de Larmessin.

> Belle épreuve, petites marges, cadre ancien en bois sculpté et doré.

LAVREINCE (d'après N.)

39. La Marchande à la toilette, par Vidal. (E. B., 37).

> Très belle épreuve avant la dédicace, sans marges. Cadre ancien en bois sculpté et doré.

40. La Soubrette confidente, par Vidal. (61)

> Belle épreuve, sans marges. Cadre ancien en bois sculpté et doré.

LEBRUN (d'après)

41. Le Charme de la liberté, ou l'amour vaincus. — La Liberté perdue ou l'Amour couronné. — L'Heureux ménage, ou les Epoux vertueux. — L'Epouse mal gardée, ou le Mariage à la Mode. Suite de quatre pièces gravées par Dambrun et Martini.

> Très belles épreuves. Marges. Cadres anciens en bois sculpté et doré.

LE PRINCE (d'après J.-B.)

42. Les Modèles, par de Longueil. In-fol.
> Belle épreuve, grandes marges.

LESPINASSE (d'après le Ch de)

43. Vue intérieure de Paris, représentant le port au blé, depuis l'extrémité de l'Ancien Marché aux Veaux jusqu'au Pont Notre-Dame. In-fol. en larg., par Berthault.
> Très belle épreuve, grandes marges.

METZU (d'après)

44. The corresponding lady, par V. M. Picot.
> Belle épreuve, cadre ancien en baguette dorée.

MOITTE (d'après J.-J.)

45. La Curiosité punie, par Deny.
> Très belle épreuve, grandes marges.

MOREAU LE JEUNE (d'après J.-M.)

46. Le Seigneur chez son fermier, par J.-L. Delignon.
> Belle épreuve, grandes marges.

OUDRY (d'après J.-B.)

47. La Jeune Veuve, par Marvie. In-4.
> Belle épreuve.

PATER (d'après J.-B.)

48. Arrivée des Comédiens dans la ville du Mans. In-fol. en larg., par L. Surugue.
> Belle épreuve.

PETERS et ROMNEY (d'après)

49. Annette. — Béatrice. Deux pièces faisant pendants, gravées au pointillé, par Tslehrev (Verhelst).

> Très belles épreuves, grandes marges.

QUÉVERDO (d'après J.-M.)

50. Les Amours du Boccage. — Les Baigneuses champêtres. Deux pièces faisant pendants, gravées par Dambrun.

> Très belles épreuves, grandes marges, cadres anciens en bois sculpté et doré.

51. Céphise surprise près du bain. — L'occasion favorable. Deux pièces faisant pendants, gravées par Dambrun et Patas.

> Très belles épreuves, grandes marges.

SAINT-AUBIN (d'après Aug.)

52. *Hénault* (Ch.-J.-Fr.), par Moitte. In-fol.

> Belle épreuve, petites marges.

53. *Necker* (M.), d'après Duplessis. In-fol.

> Belle épreuve, marges.

SAINT-QUENTIN (d'après de)

54. Bacchantes et Satyres, gravé à l'eau-forte par F^{se} Deschamps, femme Beauvarlet, et terminé au burin, par Voyez l'aîné.

> Belle épreuve, grandes marges.

SCHALL (d'après)

55. La Comparaison, gravé par Bouillard et terminé par Dupréel.

> Belle épreuve, cadre ancien en baguette dorée.

TROY (d'après de)

56. Le Retour du Bal, par Beauvarlet.

Belle épreuve, petites marges.

VERNET (d'après J.)

57. Promenade de l'Après-Dinée. — Promenade du Soir. Deux
pièces ovales, gravées par Suntach.

Epreuves coloriées, marges, cadres en bois sculpté et doré.

WATTEAU (d'après Ant.)

58. La Peinture. — La Sculpture. Deux pièces faisant pendants,
gravées par Desplaces.

Très belles épreuves, grandes marges, cadres en baguette dorée

WESTALL (d'après)

59. A Fern Cutter's child. — A Girl Gathering Mushrooms.
Deux pièces faisant pendants, gravées par Belvédère et
Lazarette.

Très belles épreuves imprimées en couleurs, marges.

DESSINS

BOISSIEU (attribué à J. J. de)

60. Fête champêtre.

> Lavis d'encre de chine.

> (H. 0.23. L. 0.26 1/2)

61. Paysage animé de figures et d'animaux.

> Lavis d'encre de chine.

> (H 0.26. L. 0.31)

BOUCHER (attribué à Fr.)

62. Cour de ferme.

> Sanguine.

> (H. 0.29. L. 0.37)

ÉCOLE FRANÇAISE XVIIIe SIÈCLE

63. L'Amour méditant.

> Peinture ronde, bois.

> (Diam. 13 1/2)

64. Famille de bohémiens.

> Aquarelle.
> Cadre ancien en bois sculpté.

> (H. 0.21. L. 0.15 1/2)

65. Portrait d'homme, époque de la Révolution.

> Crayon noir rehaussé de sanguine.

> (H. 0.30. L. 0.22)

ÉCOLE FRANÇAISE XVIIIe SIÈCLE

66. Réunion galante.

> Lavis d'encre de chine signé F.
>
> (H. 0.15. L. 0.19)

67. Tête de Jeune Femme.

> Crayon noir rehaussé de sanguine.
>
> (H. 0.41. L. 0.26)

68. Tête de Jeune Fille, la tête couverte d'un voile avec couronne de roses.

> Pastel ovale.
>
> (H. 0.31 L. 0.26)

LA RIVE (De)

69. Paysage.

> Sépia, signé et daté 1810, cadre ancien en bois sculpté et doré.
>
> (H. 0.36. L. 0.47)

LOUTHERBOURG (d'après)

70. La Petite Fermière.

> Crayon noir, ovale.
>
> (H. 0.21. L. 0.17)

MISBACH

71. Paysages. Deux pendants.

> Aquarelles signées et datées 1798.
> Cadres anciens en bois sculpté et doré.
>
> (H. 0.11. L. 0.20)

ROBERT (Hubert)

72. Cour intérieure d'un palais.

> Crayon noir.
> Signé et daté : *Robert, 1763, Roma.*
> Cadre ancien en bois sculpté et doré.
>
> (H. 0.31. L. 0.45)

SAINT-AUBIN (Aug. de)

73.   Enfant retenant un chien.

      Plume rehaussé d'aquarelle.

                                  (H. 0 13 1/2. L. 0.11)

TIEPOLO (Dom.)

74.   Hébé, projet de plafond.

      Plume rehaussé d'aquarelle, signé.

                                  (H. 0.21 1/2. L. 0.22)

CADRES

75.   Sous ce numéro, il sera vendu par lots, environ trente cadres
      en bois sculpté et doré, ébène, etc., pour tableaux et
      gravures.

76.   Quatre cadres à miniatures en bronze doré.

Dessins et Estampes

Appartenant à divers

DESSINS

BELLA (Della)

77. Scène historique.

>   Plume et lavis. Cachet de collection.
>
>   (H. 0.06. L. 0.13)

BOILLY (d'après Louis)

78. Leçon d'amour conjugal.

>   Aquarelle.
>
>   (H. 0.11. L. 0.16 1/2)

BONNINGTON (R. P.)

79. Paysage avec rochers.

>   Aquarelle. Signée : G.
>
>   (H. 0.12 1/2. L. 0.18)

CARMONTELLE (d'après L. C. de)

80. Jeune femme de profil tenant un livre.

>   Aquarelle.
>
>   (H. 0.18. L. 0.14)

CHARDIN (genre de J. B.-S.)

81. Portrait de femme, coiffée d'un bonnet.

Crayon noir.

(H. 0 18 1/2. L. 0.15)

COIGNET (Léon)

82. Scène biblique.

Mine de plomb. Signé et daté 1861.

(H. 0.23. L. 0.29)

COURBET (G.)

83. Rochers aux bords de la mer.

Panneau. Signé à G.

(H. 0.12. L. 0.18)

DANLOUX (attribué à)

84. Tête de femme.

Crayon noir.

(H. 0.15. L. 0.13)

DELACROIX (Eugène)

85. Turc assis.

Aquarelle.
Cachet de la vente du Maître

(H. 0.42. L. 0.25)

DELAROCHE (d'après Paul)

86. Femmes éplorées.

Crayon noir rehaussé de blanc sur papier bleu.

(H. 0. 27. L. 0.25)

ÉCOLE FRANÇAISE XVIIIe SIÈCLE

87. Paysage animé de figures.

Gouache, cadre en bois sculpté.

(H. 0.11. L. 0 15)

ÉCOLE FRANÇAISE

88. Portraits de Voltaire, Louis XVI, Charlotte Corday, Gabrielle
d'Estrée et Autres.

   Six dessins.

89. Pastorale.

   Lavis d'encre de chine, cadre en bois sculpté.

   (H. 0.10. L. 0 15)

90. Femme jouant de la mandoline.

   Aquarelle.

   (H. 0.19. L. 0.15)

91. Jeune fille au triangle.

   Crayon noir rehaussé de blanc sur papier bleu.

   (H. 0.27. L. 0. 20)

92. Deux Amours ; Projets pour Torchères.

   Crayon noir et lavis.

   (H. 0.24. L. 0.37)

FRAGONARD (attribué à H.)

93. Portrait de l'artiste.

   Bois.

   (H. 0 17. L. 0. 13)

GAVARNI (attribué à)

94. Gibier de Potence.

   Sépia.

   (H. 0.33. L. 0.21)

GRANET

95. Intérieur d'Eglise.

   Aquarelle signée et datée 1821.

GREUZE (genre de J.-B.)

96   Tête d'enfant.

Aquarelle.
Cadre ancien en bois sculpté.

(Haut 0 13 L. 0.10)

HUET (d'après J.-B.)

97.   Retour à la ferme.

Aquarelle.

(H. 0.14. L. 0.19)

LANG (E. F. C.)

98.   Paysage.

Aquarelle signée *E. F. C. Lang fecit.*
Cadre en bois sculpté et doré.

(H. 0.12. L. 0.17)

MINIATURES

99.   Portrait de Henri III, roi de France.

Miniature rehaussée d'or.

(H. 0.21. L. 0.17)

100.   Portrait d'homme, époque Louis XIV.

·Miniature ovale, rehaussée d'or, cadre en bois naturel sculpté de Bagard.

(H. 0.12. L. 0.10)

NATTIER (M. R.)

101.   Portrait d'homme.

Sanguine.

(H. 0.14. L. 0.09)

102.   Têtes de femmes.

Trois dessins à la sanguine.

PILLEMENT (Jean)

103.   La danse de l'Ours.

Crayon noir, cadre rond en bois sculpté.

(Diam. 0.18)

REYNOLDS (d'après Sir Joshua)

104. The Fortune Teller.

    Crayon noir.

                      (H. 0.35. L. 0.41)

ROOS (F.) de Tivoli

105. Bergers auprès d'une Fontaine.

    Sanguine, signée *F. Roos fecit*.
    Cadre ancien en bois sculpté.

                      (H. 0.39. L. 0.31)

SCHOTEL

106. Marine.

    Lavis d'encre de Chine. Collection Desperret

                      (H. 0.16. L. 0 25)

VAN LOO (Carle)

107. Tête de femme.

    Sanguine.

                      (H. 0.15. L. 0.18)

VERNET (Genre de Joseph)

108. Palais au bord de la mer.

    Sépia.

                      (H. 0.20 1/2. L. 0.34)

VERNET (d'après Joseph)

109. Marine.

    Aquarelle de forme ronde.

                      (Diam. 0.09)

ESTAMPES

ALLAIS

110. Kléber (Le Général). In-fol. en pied, gravé à la manière de lavis, d'après A. Boilly.

Très belle épreuve. Marges.

ANONYME

111. *Barry* (Mme la Comtesse du). In-8, cadre orné.

Très belle épreuve, marges.

AVELINE (P.)

112. *Paris-Duvernet* (Joseph), Conseiller d'Etat. In-8, d'après L. M. Vanloo.

Très belle épreuve. Grandes marges.

BASSET (A Paris, chez)

113. *Mella .de Courville Sulbark* (Mme). *Leguet d'Esigny d'Olisva* (Mlle). Deux portraits in-4.

Très belles épreuves gravées à la manière de lavis et rehaussés de couleurs. Rare.

BAUDOUIN (d'après P. H.)

114. Les Amours champêtres, par P. P. Choffard. (E. B. 7)

Très belle épreuve, tirée sur papier fort.

BECK (A. V. de)

115. *Lemaire* (Stéphanie), actrice dans Zémire et Azor. In-4, d'après Gaspari.

Très belle épreuve à toutes marges.

CATHELIN (L. J.)

116. *Paris de Montmartel* (Messire Jean). Marquis de Brunoy, etc. In-fol., d'après La Tour et Cochin.

> Belle épreuve encadrée.

CHALLE (d'après)

117. The officious Waiting Woman, par Chaponnier. In-fol.

> Belle épreuve. Grandes marges.

CHARPENTIER (d'après)

118. Le Premier navigateur. Trois pièces in-fol. en coul. gravées par Mariage.

> Epreuves imprimées en couleurs, deux manquent de conservation.

CHENU

119. *Favart* (Mme). In-8, d'après Garand.

> Très belle épreuve avant la lettre. Grandes marges. Rare.

DEBUCOURT (P. L.)

120. L'Orange. — Les Visites. Deux pièces faisant pendants, gravées à la manière de lavis.

> Très belles épreuves. Grandes marges.

121. Scène de brigands dans la Neige.

> Belle épreuve en couleurs, sans marges.

DELATRE

122. *Colombe l'Ainée* (Mlle), Actrice, d'après Lemoine, in-8.

> Très belle épreuve avant le n°, toutes marges.

DEMARTEAU (G.)

123. La Poésie, d'après Fr. Boucher. (135).

> Belle épreuve. Marges.

DEMARTEAU (G.)

124. Nymphe de Diane, d'après Taillasson 1789 (693).
Belle épreuve, aux crayons de couleurs.

DUMONT (d'après A.)

125. Le Devoir qui fait oublier le plaisir, par Bourgeois de la Richardière, in-4.
Belle épreuve imprimée en couleurs.

EDELINCK (Gérard)

126. Sainte Madeleine, d'après Ch. Le Brun (R. D. 32).
Très belle épreuve avant la lettre. Marges. Très rare.

ELLUIN

127. *Duplant* (Rosalie), Actrice. In-4 d'après Leclerc.
Très belle épreuve, petites marges.

FRAGONARD (H.)

128. Le Verre d'eau, par N. Ponce.
Très belle épreuve, petites marges.

GOUTIÈRE, REGNAULT

129. *Longueville* (Mme de) par Staal. — *Retz* (Card. de) d'après Sandoz. Deux portraits in-4.
Belles épreuves avant la lettre, à toutes marges.

GREUZE (d'après J.-B.)

130. Le Malheur imprévu, par R. de Launay le Jeune.
Très belle épreuve, toutes marges.

131. Têtes d'expressions.
Cinq pièces à la sanguine.

GUYOT

132. Vues de Parcs anglais

> Deux piéces rondes, imprimées en couleurs. Encadrées sans marges.

HERSENT (d'après)

133. Daphnis et Chloé, par Gelée. In-fol.

> Très belle épreuve avant la lettre, encadrée.

HOGARTH (W.)

134. La Foire à Southwark. (Le Bl. 60). 1733, in-fol. en larg.

> Belle épreuve, grandes marges.

ISABEY (d'après J.-B.)

135. *Dugazon* (Mme). Actrice. Ovale in-8, par Monsaldy

> Très belle épreuve imprimée en couleurs. Grandes marges avec le Cachet.

136. *Leverd* (Mlle). Actrice. Ovale in-8, par J. Mécou 1822.

> Très belle épreuve avant la lettre. Grandes marges.

137. *Marie-Louise*, Archiduchesse d'Autriche, Impératrice, Reine Régente, par Mécou. In-4, cadre orné.

> Très belle épreuve. Grandes marges, avec le cachet.

JAZET

138. Les Eléments. Suite de quatre pièces en larg., d'après Martinet.

> Belles épreuves en couleurs. Petites marges

139. Louis XVI recevant le Duc d'Enghien au séjour des bienheureux. In-fol. en larg. d'ap. Roehn.

> Très belle épreuve. Grandes marges.

KOHL (Cl.)

140. *Sacco* (Johanna). Actrice. In-4, avec scène au bas, d'après
J. Fusch.

> Très belle épreuve. Grandes marges.

LA FOSSE

141. *Lany* (Louis Magdelène). Danseur. In-4, d'après L. C. de
Mormantelle.

> Très belle épreuve. Petites marges.

LASSALLE (L.)

142. Médaillons gracieux. Têtes d'expressions. Vingt-quatre sujets
lithographiques sur quatre feuilles.

> Belles épreuves coloriées.

LAUNAY (R. de). LITTRET, ROY

143. *Duchesnois* (Mlle). — *Clairon* (Mlle). — *Bourgeois* (Mlle).
Trois portraits in-12 et in-8.

> Belles épreuves.

LAVREINCE (d'après N.)

144. Qu'en dit l'abbé ! par N. de Launay (E. B. 51)

> Bonne épreuve d'un ancien tirage. Cadre fronton en bois
> sculpté.

LE BEAU

145. *Desbrosses* (Mlle). Actrice. In-8.

> Très belle épreuve,

146. *Dugazon* (Mme). Actrice. In-8.

> Très belle épreuve.

147. *Olivier* (Mlle) de la Comédie Française. In-8 d'après Desrais.

> Belle épreuve. Marges.

LE BEAU (à Paris, chez

148. Convention de Mariage. In-4.
>   Belle épreuve. Grandes marges.

LE BRUN (d'après)

149. L'Epouse mal gardée ou le mariage à la mode, par Dambrun.
>   Belle épreuve. Marges.

LÉPICIÉ

150. *Charlotte Desmares* (Mlle), actrice. In-fol. 1733.
>   Très belle épreuve. Marges.

LEPRINCE (d'après J.-B).

151. Les Modèles, par J. de Longueil.
>   Epreuve avec marges.

LINGÉE (C. L.)

152. *Raucourt* (Fr. A. M. de), actrice. In-4 avec scène de Mithridate au-dessous, d'après Freudeberg et Moreau le Jeune.
>   Très belle épreuve. Marges.

LORDON (d'après)

153. Histoire de Télémaque. Suite de six estampes in-fol. en larg., gravées par Benoist, Bertrand, Choubard et Dissard.
>   Très belles épreuves imprimées en couleurs, marges.

MONNET (d'après Ch.)

154. L'Amour parmi les Nymphes de Calypso. — Télémaque raconte ses aventures à Calypso. Deux pièces in-4 en lavis, gravées par Patas.
>   Très belles épreuves à toutes marges.

NOEL (à Paris, chez)

155. Folies de Carnaval, d'après Taunay.

> Belle épreuve avant la lettre, petites marges.

PETIT

156. L'Après-dîner. La dame à la promenade « Mlle Sallé »,
d'après Fenouil. In-4.

> Très belle épreuve du premier tirage. Rare.

PICOT (S. W.)

157. Les Plaisirs de l'Eté d'après Ant. Watteau. In-fol. en larg.

> Belle épreuve.

PORPORATI

158. La Mort d'Abel, in-fol.

> Très belle épreuve avant la lettre. Marges.

PRUNEAU (N.)

159. *Levasseur* (Mlle Rosalie), Actrice. In-4, d'après le buste de
Ph. Dumont de Valenciennes.

> Très belle épreuve. Marges.

SAINT-AUBIN (Aug. de)

160. *Molé* (François-René). In-4 d'après E. Aubry.

> Belle épreuve.

SAYER (London Printed for R')

161. *Barry* (Mme la Comtesse du). In-8 à la manière noire.

> Très belle épreuve, petites marges.

SCHALL (d'après)

162. Saint-Preux ou les Allarmes de l'Amour, in-fol.

> Très belle épreuve imprimée en couleurs, grandes marges.

SCHENAU (d'après)

163. Deux Estampes.

> Sans marges.

SINGLETON (d'après II.)

164. The last effort and fall of Tippo-Sultaun. — The Surrender
of two sons of Tippo-Sultaun. Deux pièces in-fol. en larg.
faisant pendants, gravées par Laminet.

> Belles épreuves. (Mouillures).

TOUZÉ (d'après)

165. L'Amant Victorieux, par Le Beau.

> Belle épreuve, grandes marges.

Grande Imprimerie du Centre. — Herbin, Montluçon.

www.ingramcontent.com/pod-product-compliance
Ingram Content Group UK Ltd.
Pitfield, Milton Keynes, MK11 3LW, UK
UKHW031715170726
13836UKWH00001B/250